AF452716

PIERRE CAUCHON

Recteur de l'Université

de Paris

Vidame de l'Église de Reims

Évêque temporel

et non spirituel

de Beauvais et de Lizieux

SON ORIGINE ET SES ARMOIRIES

PARIS

N.-V. BOUTON, ÉDITEUR

15, *Rue de Maubeuge*

1890

BRUXELLES, FR. GOEBAERTS, IMPRIMEUR DU ROI,
rue de la Limite, 21.

PIERRE CAUCHON

ÉVÊQUE DE BEAUVAIS

Pierre Cauchon est une des plus singulières physionomies du commencement du XVe siècle. Malgré sa scandaleuse et abominable notoriété, les historiens et les généalogistes sont incertains sur son origine et sur sa parenté. Pour y jeter un peu de lumière sans réticence et sans hostilité, examinons les points obscurs de l'histoire, prenons les faits pour ce qu'ils sont, en les considérant dans le milieu où ils se sont accomplis, entre la lâcheté des uns et la complicité des autres. — Pierre Cauchon fut un véritable Opportuniste de son temps.

« Le sieur des Ursins, Jean Jouvenel, rapporte qu'il étoit fils d'un vigneron près de Rheims » ; évidemment quand on possède les fiefs de Sillery et de Versenay, on est « vigneron près de Rheims ». Mais cela ne nous apprend rien, ce n'est pas une origine.

Un Chroniqueur, Mercier, au livre 6 de ses Annales, nous dit que Pierre Cauchon « étoit Anglois d'origine » : Anglois, peut-être ; mais certainement Anglo-Normand. Il y eut, vers le milieu du XIVe siècle, après le supplice des Templiers qui s'étaient enjuivés, une émigration de Normands vers l'Est, et il est probable que l'aïeul de Pierre fut un Cauchon de Normandie qui vint s'établir alors aux environs de Rheims.

Un Annaliste « estime que Pierre Cauchon étoit fils de Jacques Cauchon, marchand orfèvre de la ville de Rheims qui vivoit encore en 1379, et est nommé dans un compte du changeur du Trésor de cette année-là ».

Un autre Annaliste affirme qu'il étoit frère de Jacques Cauchon, orfèvre à Rheims, en 1379, et frère de Remy Cauchon, sieur de Gueulx en partie, qui épousa Rose Guibourg, dont il eut quatre enfants. Il y a là une confusion. De son côté, d'Hozier, qui se contredit lui-même quelquefois, nous apprend que Jacques, l'orfèvre de 1379, étoit *frère* de Remi, « anobly avec Rose Guibourg, sa femme, l'an 1392 : « Magister Remigius Cauchon, Licenciatus in legibus, et Rosa uxor nobilit. februar. 1392 ».

De ces éléments divers se dégage un fait, c'est que Pierre Cauchon, fils et petit-fils d'orfèvre, de changeur, de lombard, au moment où la France étoit apauvrie par l'invasion et les Grandes Compagnies, appartenoit à une de ces familles de Bourgeois, qui, voyant la noblesse des premiers temps décimée par cette guerre d'extermination qu'on appelle *la Guerre de Cent ans*, se glissoient aux premiers rangs, prenoient moyennant finance, des Charges de Judicature, achetoient des terres ou des fiefs dont les maîtres étoient disparus dans la défense de la Patrie, et commençoient la nouvelle couche sociale des anoblis : car, c'est de cette époque même, c'est du Roy Jean, de Charles V et Charles VI, de 1350 à 1400, que datent les premiers Anoblissements.

D'où il résulte par l'examen des généalogies et des historiens, qu'un Jacques Cauchon est venu de Normandie, Élection de Beaumont, s'établir à Reims comme orfèvre et changeur, de 1340 à 1350. Jacques eut un fils, Remy, licencié en droit, anobly en 1392 avec Rose Guibourg, sa femme, dont il eut trois fils et une fille : Jean, l'aîné, qui possède les fiefs de Gueulx, de Landres et de Sillery ; Pierre Cauchon, le puîné, qui nous occupe ; le troisième, Jacques Cauchon, qui eut en partage le fief de Versenay, et Jeanne, la dernière, qui épousa,

1° Raoul de la Gravelle, un Normand que nous retrouvons en Champagne parmi les Anoblis des Chasses, et 2° Guillaume Hodierne de Rheims, qui ne fut anobly qu'en 1407.

Pierre Cauchon, le puîné, se fit clerc, et devint Licencié en droit canon, Maître ès Arts, Docteur en Théologie de l'Université de Paris. Chastelain le nomme « ung grand et solennel clerc ». L'Université l'appela aux fonctions de Recteur, et « le chargea de négociations importantes »; arrivé ainsi « à l'influence politique par les honneurs universitaires », il se jeta dans ce courant d'anarchie qui, sous prétexte de placer le gouvernement du pays dans les États, commença par la trahison de Marcel et finit par l'assassinat de Jeanne d'Arc.

Cet homme revêtu de hautes fonctions, ayant juridiction sur l'Université, « Conservateur des privilèges de ce corps illustre »; cet homme que Du Boullay, dans son Histoire universitaire, ne craint pas de réputer « magnifique et bienfaisant », comme un policier corrupteur; cet homme que d'Hozier et Blanchard, dans leurs notes généalogiques, qualifient de Vidame et de Trésorier, « Petrus Cochon Thesaurarius, 2 octobre 1380, liv. des Chan. cotté E, » c'est-à-dire avocat-homme d'affaires, intendant du temporel de l'Église de Reims, eut nécessairement un sceau et des armoiries dès 1380, avant son père, et nous trouvons ces armoiries *d'azur à la face d'argent accompagnée de trois coquilles d'or*.

Par une bizarre coïncidence, vers le même temps, un autre Pierre Cochon, — je dis *un autre*, sous toutes réserves, — ou un cousin d'une branche inconnue aux généalogistes et restée en Normandie, se hâte d'écrire l'histoire de son temps au point de vue anglois et se révèle au monde par une *Chronique normande* où il commence par *expliquer*, et justifier les trahisons de Godefroy de Harcourt, le Grand Baron de Normandie qui a introduit les Anglois dans cette province.

On diroit que Pierre Cauchon, le Recteur de l'Université de Paris a dicté cette Chronique à son omonyme, tant elle reflète sa pensée, tant elle sert ses desseins.

Cette Chronique est aujourd'hui fort connue, grâce à un autre Normand célèbre, M. Léopold Delisle, l'historien de Saint-Sauveur-le-Vicomte. M. Delisle, tout en reconnoissant que « l'ennemi (l'Anglais) installé dans ses Domaines par Godefroy de Harcourt, devoit encore y rester près de vingt ans et désoler toute la Basse-Normandie, jusqu'au jour où le Roy Charles VI, au prix des plus héroïques sacrifices, réussiroit à planter l'étendard françois sur le donjon de Saint-Sauveur-le-Vicomte » ; — Eh bien, le même M. Delisle ne craint pas d'ajouter : « Mais la Chronique de Pierre Cochon est un document du plus haut intérêt ; l'auteur *étoit mal informé, mais* son récit inspiré *par un profond attachement aux privilèges de la Normandie*, nous montre comment la conduite de Godefroy étoit *expliquée et jugée* dans une partie de la province au commencement du XVe siècle. »

Les commentateurs de cette Chronique, MM. Vallet de Viriville et Robillard de Beaurepaire, font de Pierre Cochon un personnage distinct de Pierre Cauchon. Est-ce bien sûr ? D'Hozier, lui, les confond. Le Chroniqueur n'étoit pas « mal informé » comme on feint de le croire : il arrangea les faits comme un normand retors. En cherchant à démontrer que d'Harcourt « obéissoit au sentiment d'un pur patriotisme » dont le but étoit de détacher la Normandie de la France, il voulut innocenter un traître et faire des avances au parti de l'étranger. Les deux Pierre Cochon ou Cauchon se valent et n'en font peut-être qu'un. Les Cauchon de Normandie ne peuvent être que la souche de ceux de Champagne ; les deux orthographes du nom n'en font même pas la différence, et j'en trouve la preuve dans la *Recherche de Montfaut* où un Thomas Cauchon étoit encore établi à Saint-Sauveur-le-Vicomte en 1463.

.·.

Que le Pierre Cochon de la *Chronique Normande* ait été Notaire apostolique ou Notaire de la Cour épiscopale », Pierre Cauchon a bien pu joindre ces titres à tous les siens. Il y a encore d'autres similitudes, aussi étranges, aussi frappantes, devant lesquelles je suis comme atterré. Pierre Cochon a pris ses grades en l'Université de Paris comme Pierre Cauchon, et en même temps que lui! Le Chroniqueur Pierre Cochon a pour copains les nommés Manchon et Colles, et Pierre Cauchon les a aussi. C'est Manchon qui tient la plume dans les actes du Procès de Jeanne d'Arc, dont la condamnation est écrite de la main des deux Notaires de la Cour de Rouen! Et c'est la Cour Épiscopale de Rouen, ainsi que l'Archevêché de Rouen même que convoitoit particulièrement Pierre Cauchon en allumant le bucher de la Pucelle!

Per fas et nefas Pierre Cauchon vouloit arriver à ses fins.

.·.

Ce n'est qu'en 1392 que Remi Cauchon de Reims, le père de l'Évêque, fut anobly, et reçut des Armoiries, quand son fils Pierre en avoit déjà depuis longtemps, comme « un des plus fermes appuis du parti de Bourgogne ou des Anglois ».

Les Armes de la famille, anoblie dans la personne de Remi, Jean, Jacques et Jeanne, sont *de gueules au griffon d'or* quelquefois *aîlé d'argent* pour brisure; une branche a brisé depuis, en changeant les émaux, et a pris *d'argent au griffon rampant de sable* comme l'indique Marlot pour Cauchon-Maupas.

C'est donc par erreur que le Père Anselme a donné à Pierre Cauchon les armes de ses frères, qu'il n'a jamais portées, et d'Hozier, qui connaissoit les armes personnelles de Pierre Cauchon, a laissé Caumartin commettre la même erreur dans le Grand Armorial et Nobiliaire de Champagne. Pourquoi ?

Pierre Cauchon fut Vidame de l'Église de Reims, le 21 avril 1410 d'après le chanoine Wegen, *Dignitates Ecclesiæ Remensis*, manuscrit du XVIIIe siècle, conservé aujourd'hui à la bibliothèque de Reims, f° 234 v°. Qui l'éleva à ces fonctions ? Le Parti des Anglo-Bourguignons, les Opportunistes de ce temps-là.

.·.

Pierre Cauchon, vendu aux Anglois depuis 1380, *travailla* constamment pour eux. Et que peut-on faire *pour* l'ennemi envahisseur, contre son pays, sinon s'occuper d'espionnage : Par ses fonctions mêmes, il y étoit porté. Il se roula inévitablement dans tous les bas-fonds de ce qu'on appelle encore aujourd'hui la police judiciaire, dont les crimes sont couverts par l'irresponsabilité : mélange de Procureurs, de Juges d'Instruction et de Commissaires de police, dont le monstrueux assemblage s'exerce encore de nos jours et se dresse devant nous.

Pierre Cauchon fut une espèce d'Inquisiteur, moitié clerc et moitié laïque, une sorte de Commissaire aux Délégations : Chroniqueur et Théologien, Chanoine et Recteur, il ne siégea pas au dernier rang, mais il y resta assez longtemps : véritable rond-de-cuir, comme on en voit tant de nos jours.

Bedfort regnoit à Paris tenant sous son talon la patrie qui râloit. Bedfort étoit Régent au nom du Roy d'Angleterre que le héraut Berry avoit proclamé Roy de France à la place de Charles VII ; et Bedfort gouvernoit avec Ysabeau de Bavière qui proscrivoit son propre fils.

Comme Bedfort et, derrière lui, le Duc de Bourgogne avoient besoin d'agens capables de tout hors le bien, ils remarquèrent la souplesse et l'habileté de ce Procureur et ouvrirent la carrière à ses convoitises et à son ambition.

Il fut le troisième des huit Maîtres des Requêtes de l'Hôtel du Roy, qui furent créés par le parti anglois, lors du renouvellement des Officiers de Judicature, par Lettres du 22 Juillet 1418 »,

et dans cette situation importante de Conseiller d'État du Roy... Anglois, il porta les armes dont nous avons parlé, *d'azur à la face d'argent accompagnée de trois coquilles d'or.*

Comme toutes les médiocrités d'administration, il rendit au parti anglois des services tels que, à peine deux ans après, en 1420, il fut désigné, quoique simple Clerc, pour le siège Episcopal de Beauvois. « Il fut esleu » comme un candidat officiel peut l'être en présence des armées étrangères qui l'imposent et vous écrasent « il fut esleu » parce que le Duc de Bourgogne, *l'ennemi,* l'exigeoit. Pierre Cauchon prit possession de ce siège en 1420 et fit son entrée solennelle comme l'a rapporté Monstrelet, chroniqueur bourguignon, au Livre premier de ses Annales, où il dit que « le duc de Bourgogne partant de Paris après la feste de Noël, s'en alla en la ville de Beauvois, à la feste et entrée de Messire Pierre Cauchon, Docteur en Théologie, moult enclin et affecté à la partie de Bourgogne. »

S'il nous est permis de faire une supposition, demandons ce qu'il y auroit d'extraordinaire, au train dont nous marchons, si demain, au sortir d'un festin de Chantilly, un vieux Clerc, par exemple, Docteur en Théologie, Administrateur de la Sorbonne et du Collège de France, étoit élevé au poste d'Évêque constitutionnel. Il lui seroit aussi facile qu'il y a cinq siècles de faire brûler un patriote comme sorcier, voleur et relaps, et il trouveroit pour l'aider dans cette besogne des bandes d'universitaires, de normaliens et de journalistes enregimentés comme les basochiens d'autrefois.

Cauchon resta neuf ans sur ce siège, neuf ans de malheurs et d'invasion. Pendant ce temps il eut soin de faire « placer ses Armes en divers endroits de la Maison Épiscopale et de l'Église de Beauvois » : *d'azur à la face d'argent accompagnée de trois coquillesd'or*.

Pendant que ces gens là ecraseroient la Patrie mutilée il ne restoit alors de son royaume au pauvre Roy de France, au pauvre *Roy de Bourges*, que Bourges et Orléans : le reste étoit occupé par l'Anglois, dont Pierre Cauchon « étoit un des appuis les plus fermes et les plus hardis », quand en 1428, une dispute entre Bedfort et le Duc de Bourgogne, à propos du siège d'Orléans même, donna à l'opinion publique le temps de se reconnoître : un vent de protestation s'éleva. La honte de l'invasion fut comprise ; de sourds murmurent furent entendus ; les voix inconnnes, venues du ciel ou sorties des entrailles mêmes de la Patrie parlèrent à l'oreille de Jeanne d'Arc.

Pendant qu'Orléans résistoit, Beauvois fut une des premières cités qui secoua le joug de l'étranger : Beauvois se révolta contre le Docteur en Théologie qu'on lui avoit imposé comme évêque au temporel, et voulut redevenir françoise. « Belleforest, après plusieurs autres historiens, parlant de la réduction de la dite ville en l'obéissance de son prince naturel et légitime, raconte *qu'en l'an 1429 la ville de Beauvois se rendit au roy Charles VII, en laquelle le duc de Bourgogne avoit mis pour évêque un Docteur de Paris nommé Messire Pierre Cauchon, partial des Anglois le plus obstiné qui fut onques : contre la volonté duquel les citoyens de Beauvois se soumirent au Roy et fut le dit Évêque contraint de se retirer vers le duc de Bedfort.* »

Jeanne d'Arc parut bientôt. C'étoit la France qui se levoit. Jeanne, la patronne de la France, fit ce que Geneviève, la patronne de Paris fit au temps d'Atilla ; elle secoua la lassitude, le découragement qui suit les invasions, elle rendit la France à elle-même. Les insinuations de ceux qui l'ont représentée comme une servante et l'*amie* de Dunois ou de Baudricourt n'ont pu entacher la pureté de Jeanne. C'est une Vierge sainte.

Il est singulier et même ridicule qu'on ait voulu contester les *voix* que Jeanne entendoit, et les visions qui l'inspiroient dans les bois. Nous autres Lorrains, nous trouvons cela tout naturel. Les forêts, chez nous, nous aiment, nous saluent, semblent marcher avec nous, nous enveloppent et nous parlent. Jeanne a eu des visions naturelles et surnaturelles. L'image de la Vierge, présente à son esprit et à ses yeux lui a commandé de marcher à la délivrance de son pays, et la forte fille a marché, entourée de paysans. En Lorraine, la patrie nous unit d'une singulière façon : hommes, femmes, enfants n'ont qu'une âme, et au jour du danger tout le monde est soldat.

Pierre Cauchon, privé de son temporel, vivant dans le camp anglois, continua ses manœuvres de police et chercha évidemment à semer et à organiser la trahison. La sortie de Compiègne, où fut livrée l'héroïque enfant de la Lorraine, est une de ces manœuvres que nul commentaire n'a pu dénaturer. Tout cela s'est accompli avec précision et avec la rapidité de l'éclair. Elle fut trahie : un coup de police ferma la porte derrière elle ! Comme prisonnière de guerre, le chevalier qui la céda moyennant rançon, comme c'étoit son droit, eut plus de pudeur que Jean de Ligny qui fut un lâche et la livra à la police, à Cauchon qui étoit là. « Privé de son temporel », campant avec l'ennemi, tapis dans ses fourgons autour de Compiègne, il fut « commis par l'Anglois pour faire le procès à la Pucelle, suivant la poursuite qu'il en fist », comme un procureur dans son greffe entouré de ses Officiers de police. On a demandé comment Charles VII n'avoit pas payé la rançon de sa libératrice : à qui? c'est aux Capitaines d'armée que le crime incombe; c'est à qui d'eux s'en débarrasseroit et la Police de ce temps, c'est-à-dire Pierre Cauchon étoit là et a mis la main dessus.

.·.

« Suivant la poursuite qu'il en fit », — absolument comme un procureur en fonctions, il prétendit que « la connoissance du procès de Jeanne d'Arc lui en devoit appartenir privativement à tous autres, d'autant qu'elle avoit esté prise dans son Diocèe. » Il avoit si bien organisé sa trame criminelle contre la sainte fille, qu'il avoit précisement avec lui l'ami Manchon, l'ami Colle, ainsi que deux Notaires de la Cour de Rouen et de la Chronique de Pierre Cochon : coïncidence étrange qui nous révèle pour ainsi dire une complicité avérée, et nettement accusée, dans toutes les entreprises de Pierre Cauchon.

Nous ne nous amuserons pas à disséquer pièce à pièce la procédure, les informations, les faux témoignages, les pièges pour déshonorer la Pucelle. N'accuse-t·on pas aujourd'hui de vol les gens les plus honnêtes, sur la parole de vulgaires agents ? Il falloit à tout prix se débarrasser de Jeanne d'Arc, et Cauchon s'offrit pour commettre ce crime : « Et de fait il rendit sentence contre elle, par laquelle il l'abandonna au bras séculier, qui depuis la condamna à estre brûlée toute vive, et la fit exécuter au marché de la ville de Rouen. » Ainsi ce scélérat la juge, la condamne, la fait appréhender et la fait exécuter ; il est à la fois policier, procureur, juge et bourreau.

Peut-on regarder comme un juge, comme un évêque ce vieux Vidame, ce Théologien, ce Docteur qui n'en avoit que le nom ? Ce n'est pas un procès mais un assassinat en règle, dans les formes. Ce Docteur de l'Université, imposé, nommé, « élu évêque » par l'envahisseur même, en pays envahi, afin de palper les revenus de l'évéché, ne fut jamais qu'un garnissaire, un évêque comme Wellington fut maréchal de France ! Il fut évêque de fait et non de droit, temporel et non spirituel. Il marchanda le prix de son jugement. « Ce qui agréa tellement au roy d'Angleterre que, depuis en 1432, la Normandie étant encore sous son obéissance, il lui donna l'évéché de Lizieux pour le récompenser de celui de Beauvois. » La Religion ou l'Église n'y sont pour rien.

L'Anglois lui avoit même promis l'Archevéché de Rouen : Est-ce là un Juge, je le répète ? Non. Est-ce un Évêque ? Non. Il fut Évêque comme il avait été Vidame, au temporel seulement.

. .

« Mais Dieu ne permit pas qu'une telle injustice demeurast impunie : Car peu de temps après cet Evesque mourut misérablement de mort subite, se faisant faire la barbe, ainsi que l'ont escrit les historiens du temps, et comme l'a rapporté le poète Valeran, au Poëme qu'il a fait de la Pucelle d'Orléans, où il dit :

. . . . Joannam
Sic et *Calceonus* qui sensuit esse cremandam
Pendula cum tonsor secat excrementa capilli
Expirans cadit et gelida morte cadauer
Decubat, vltrius sic pendant crimina poenas.

On n'a jamais su si le barbier étant Anglois, lui avoit coupé la gorge ou rompu la barre du cou ; et si alors les Anglois eux-mêmes s'étoient débarrassés de Cauchon comme on se débarrasse d'un instrument qui a cessé de plaire parce qu'il est devenu gênant.

L'Église redevenue en possession d'elle-même ne consacra pas l'œuvre de Pierre Cauchon ; elle rejeta ce faux Évêque de son sein ; le raya de ses cadres quoiqu'il fût mort ; ne le reconnut jamais pour un des siens et le pape Calixe IV l'excommunia.

« Le sieur Louvet, en ses antiquités de Beauvais, rapporte que ses ossements furent tirés de l'Église de Sainct-Pierre en Vallée, où il avoit été enterré et jettés à la voirie. »

. .

Voilà l'histoire, l'histoire vraie dont tous les secrets ne sont pas connus et dont nous voudrions bien soulever un dernier voile, à propos du nom de Cauchon.

Ce nom, quel est-il? Cauchon veut-il dire Chauchon, *calceonus*, comme l'a traduit le Poète Valeran et d'autres; ou veut-il dire Pourceau? Singulier nom, nom bizarre, qui sonne mal dans tous les cas, et nous semble celui d'une famille juive convertie au moment où les Templiers, Juifs ou Lombards, étoient traqués. Pierre Cauchon a-t-il vengé sa race maudite : c'est la seule explication de son forfait abominable, c'est aussi une question d'histoire qui a son intérêt.

P. S. J'hésite à dire toute ma pensée : mais comme ces pages s'adressent surtout aux érudits, l'intérêt de l'Histoire doit passer avant tout.

J'ai fait remarquer ci-dessus qu'une émigration de Normands vers l'Est, au commencement du XIVe siècle, correspondoit avec la chûte des Templiers. Or, on sait que l'Ordre du Temple, ayant raflé les trésors de l'Orient pendant les premières Croisades, de guerrier devint mercanty, se corrompit au contact de la race juive, et voulut par ses richesses et son commerce dominer l'Europe, commander à la papauté et balancer la puissance des Rois, du roy de France surtout, obligé d'altérer sa monnoie pour subvenir aux besoins de l'État. Ce temps ressemble au nôtre : les Juifs-Templiers sont aujourd'hui les Juifs-Opportunistes; ouvrez l'Almanach de Gotha, vous voyez qu'ils traitent d'égal à égal avec la Russie comme avec l'Espagne; l'Angleterre est juive jusqu'à la moelle de sa Cité. La monnoie de Philippe le Bel est remplacée par « la planche aux assignats », et par toutes ces entreprises fiduciaires par lesquelles les Juifs pompent et absorbent la vie de la France et de l'Europe. Regardez autour de vous ces bâtards de toutes les nations qui tiennent toutes les avenues du pouvoir, grâce aux juifs : la Justice, la Police, la Guerre, les Finances, les Affaires étrangères sont conduites par des juifs allemands ou anglois, comme au temps d'Ysabeau de Bavière, du régent Bedfort et de Pierre Cauchon. Nous sommes vendus, trahis, livrés par eux, et la France attend sa Jeanne d'Arc.

Quand on abbatit les Templiers, leurs complices se convertirent et prirent la fuite. Alors un Cauchon-Cochon parti de Normandie est venu en Champagne comme orfèvre, changeur ou lombard, et fut tout à coup possesseur de fiefs importants, de Versenay à Sillery. Ce Cauchon, qui a fui emportant sa fortune, ne peut être qu'un Israélite converti. Les premiers Cauchon se font Licentier en droit pour se faire ouvrir des portes; Pierre Cauchon met 40 ans à monter, à *arriver*, à force d'intrigues et de trahisons; une fois là, grâce à l'Étranger, il a dû se souvenir de son origine et vouloir se venger : vindicatif et haineux comme un homme qui n'a pas de Patrie, ni Anglois ni François, il a répondu au bûcher des Templiers-Juifs, par le bûcher même de Jeanne d'Arc.

C'est la seule explication plausible du rôle que ce monstre a joué.

R. D.

Paris, le 16 janvier 1890.

LE PRIX DU SANG ET DE LA TRAHISON.

Voici le prix du sang promis à Pierre Cauchon :

« *Pro Episcopo Belvacensi*. Decimo quinto die decembris, anno octavo, (1428-29), apud Westmonasterium (Westminster), concordatum est quod fiant Literae, sub Privato sigillo, directae

Domino Summo Pontifici, pro Translatione Domini Petri Cauchon, Episcopi Belvacensis, ad Ecclesiam Métropolitanam Rothomagensem ».

Voici le prix de la soumission de Pierre Manchon :

« Anno D. 1419 ; Rex, per litteras suas Patentes, (donne un sauf conduit à) Petrum Manchon, capellanus Parochialem Sancti Pétri veteris, ducendo secum, in comitiva sua, omnes et singulos Parochianos suos, penes Presentiam nostram per eorum fidelitatibus Regi faciendis et jurandis, salvo et secure veniendo, ibidem morando et perhendinando », pour venir au nom de ses paroissiens jurer fidélité au roy d'Angleterre. Teste Rege apud castrum nostrum Rotomagi XXII die Januarii.

Voici le prix de la soumission de Michel Colles :

« Anno D. 1419 ; Michael Colles, Capellanus, habet litteras Regis de presentatione ad Ecclessiam Parochialem Sancti Petri de Boscoquerardi Rothomagensi Diœcese, vacantem per mortem ultimae personae ibidem. Teste Rege apud castrum Regis de Rouen, VIII die Februarii. »

Voici un reçu de 500 livres envoyé de Westminster à Jean de Ligny par les mains du Cardinal d'Angleterre :

« Anno D. 1430. Decimo Tertio Die Maii, anno octavo (de son règne), apud Westmonasterium concordatum et concessum fuit quod fiat Warantum Thesaurario et Camerariis, de resolvendo Domino H. Cardinali Angliæ, Qui super in Ambassiata Regis cum Domino Duce Burgundiæ existens, induxit, consanguineum Regis, Dominum Johanem Lucemburgh de essendo de Retinentia Regis, et faciendo Regi Servitium Guerræ in regno suo Franciæ, ob quam causam præsto solvit in manibus dicti Johannis Lucemburgh D. *li.* » Cette somme de 500 livres fut remise à Jean de Ligny devant les seigneurs du Conseil et autres assistants, pour un service de guerre en son royaume de France !